传统武术入门丛书

# 武术入门套路

郑建平——编著

山西出版传媒集团
山西科学技术出版社

# 总序

中华传统武术博大精深，是中华民族优秀传统文化之瑰宝，蕴含着中华民族传统文化的诸多要素，具备崇德尚武、修身养性、防身自卫等特点。

中华武术是远古劳动人民在长期狩猎、自卫、生活实践中形成的一种攻防格斗技术，在近代发展成为一种民间传统体育项目。传统武术赖以生存的“感悟”“修炼”“天人合一”等武学文化思想在中华大地乃至全球传承发展。

当前，国家相关部门大力倡导将竞技武术、传统武术及现代搏击运动并行推广，这将传统武术提到了应有的高度，是传统武术进一步发展的良好机遇。

能把我从武多年来的亲身经历和习拳经验，尤其是传统武术功法修炼的方法，贡献给热爱武术运动的人们，为中华传统武术的进一步传承发展做点贡献，是我整理出版“传统武术入门丛书”的基本动力。

本丛书从武术桩功法、武术内功心法、武术单操技法、武术入门套路、武术实战技击五个方面，系统地介绍了中华传统武术的整体练习方法。

本丛书的编写出版得到了《中华武术》首任主编昌沧先生，我的恩师、“中华武林百杰”“中国武术九段”“中华浑元武术创始人”张希贵先生，河津市“和易拳社”社长买正虎先生等前辈、同人的鼎力支持和帮助。同时，本丛书摄影人员丁辉、马强、陈博等，侯凤长、孟凡彬、赵启忠、陈仲生、梁爽、郭欣钰、郑晨，以及配合实战演练的丹尼尔先生等同人付出了辛勤劳动，在此一并表示感谢。

由于本人水平有限，书中不妥之处，敬请各位前辈、同人及广大读者予以指正。

郑建平

壬寅年夏于北京

# 目录

# 第一章 拳术概述

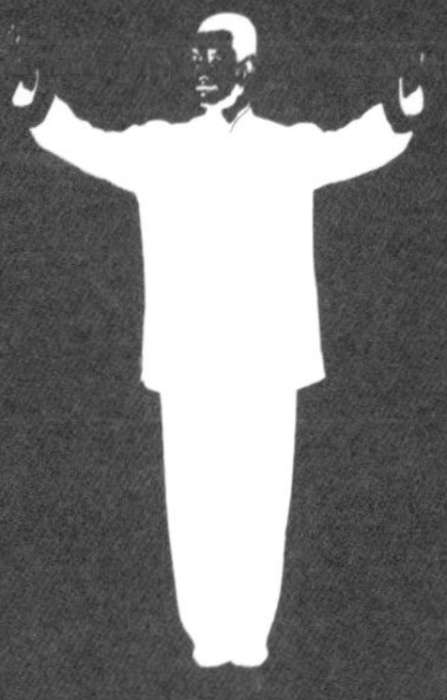

中国武术博大精深，源远流长，其理论基础是以中国传统文化易经、中医理论为根基。武术拳术套路是中华武术宝库中的精粹。和合拳源自中华浑元武术门拳法体系，是将桩功、心法、单操技术组合而成的拳术套路。因其拳路左右式对称习练，故名“和合拳”，分上、中、下三路。

和合拳拳术套路势短法精，螺旋滚转，结构对称，平衡和谐，将内外功融合，可快练，也可慢练。动作姿势和呼吸相配合，势合呼吸，合吸伸呼。动作绵绵不断，在运动中发力，如水中生树，风摆杨柳。风格突出，技法多变。

和合拳强调腰背二劲贯穿其身法，拳法以循圆规律，以画圆行势而循序渐进，从基础到深入，万法不离其宗。简言之，拳法以基本动作姿势配合呼吸，由浅入深，融会贯通，以求“四象和合静”。

拳术套路演练，因人为编排设计而异，本质上都体现了传统武术文化的内涵，拳法、功法只是说法不同而已。中华浑元武术门和合拳拳术套路亦是实践与经验的总结，传承的时间与历史的延续属本身文化价值。

# 第二章 入门套路

## 第一节　歌诀

开势浑元气和合，五湖四海馥谊泽。
步转肩随易中静，怀武修真崇德慧。
翻江倒海龙出水，艄公翻桨绕步贯，
劈砸顶腿双捋手，叶底藏花圈拦手。
迎风拂袖摔连环，大蟒翻身燕钻云。
右封左护捌肘横，盖马四拳劈砸连。
雪花盖顶左右旋，野马分鬃斜身靠。
撤步缠头双栽捶，撩掌上挂响六下。
前后照应循序渐，天人合一内功传。
守一存真和合拳，拳法崇德泽武慧。

# 第二节　动作图解

## 起式

⊙　动作名称

一、预备式　二、并步按掌　三、抡臂舞花抱拳

四、旋缠插掌　五、合手式

⊙　动作说明

一、预备式

两腿并步站立，两手自然下垂。两眼向前平视，舌抵上腭，气沉丹田。整体做到头正、项直、收颌、心静、体松。（图 1）

二、并步按掌

1. 两手上举

两手从身体两侧上举，掌心相对，掌指向上；眼随右手移动。（图 2）

2. 按掌

接上动，两臂屈肘，两手从身前下按至小腹前，掌心朝下，手指相对，目视左前方。（图 3）

图1

图2

## 三、抡臂舞花抱拳

### 1. 左右分掌

两手向下向两侧分开，目视右掌。（图 4）

### 2. 抡臂舞花

两小臂在腹前交叉，右上左下，手心向内。（图 5）

图3

图4

3. 左右平举

右手从下向左向上再向右侧直臂弧形绕环，至右侧平举；同时左手由下向左侧平举。眼随右手移动。（图 6）

4. 左移抱拳

左臂不动，右手从右向左侧平移变拳；同时左手立掌置于右拳处，上体微左转。目视两手。（图 7）

图5

图6

图7

图8

### 5. 抱拳

两臂屈肘收于胸前，两手呈抱拳状，向前推出。臂微屈，目视前方。（图 8）

要点：以上数动须连续不断进行，两眼随着右手移动，全神贯注。

## 四、旋缠插掌

### 1. 旋腕砍掌

左腿屈膝半蹲，右脚向右后撤，呈左弓步。同时，两手以腕为轴旋腕，右手向前平砍，左掌内旋顺势扶于右小臂处。双目随右手移动，平视前方。（图 9）

图9

### 2. 玉带缠腰

右膝外挺，呈半马步。同时，右手随身体右转内旋，向右腰后下方穿出后，外旋右托；左手内旋，向左腰后下方穿出后，外旋左托。目视右手前方。（图 10）

图10

### 3. 提膝插掌

上动不停，左腿屈膝提起，呈右独立步。同时，左手逆缠，右手顺缠，右手经右耳旁向前下插掌，左掌按于右腋下。（图 11）

图11

## 五、合手式

接上动，身体左转，右脚内扣，左脚落地，两腿微屈，呈左虚步。同时，两臂经身前交叉，右手护于左肩内侧，左手按于腹前，呈合手式。目视前方。（图 12）

图12

## 第一式　翻江倒海龙出水

⊙ 动作名称

六、单劈掌　七、青龙出水

⊙ 动作说明

六、单劈掌

1. 左单劈掌

（1）**右转摔掌** 接上动，左脚上步，右手向下向前撩，动作不停，随即拧腰转胯，身体右转，右臂随体转抡臂，以右摔掌击出。目视右掌。（图 13、图 14）

图13

图14

（2）**左单劈手**

上动不停，右臂外旋向下，随即内旋上挂至左耳侧。同时带动两臂上下交叉，左手下劈，至右腿外侧。（图 15）

图15

## 2. 右单劈掌

**（1）左转摔掌** 上动不停，身体向左后方转身，呈左势抡臂。（图 16）

图16

**（2）左势单劈手** 上动不停，左臂外旋向下，随即内旋上挂至右耳侧。同时带动两臂上下交叉，用力抱紧，收腹含胸。右手下劈，至左腿外侧。（图 17）

图17

## 七、青龙出水

### 1．右势抡按

上动不停，身体右转，合膝转足，以腰带臂，以右势抡臂抱拳于腰部，左掌平按于胸前。（图 18）

图18

## 2. 左提穿掌

上动不停，右腿独立，左脚勾于右膝窝处，站稳。同时，左手内旋向前下按；右手内旋，经肋和左手背向斜上穿出。目视右手前方。（图 19）

图19

## 第二式　艄公翻桨绕步贯

### ⊙ 动作名称

八、左掳右贯　　九、右掳左贯

### ⊙ 动作说明

八、左掳右贯

1. 左掳

上动不停，身体左转，左脚向左前方摆步。同时，左手向前平掳；右手握拳，收于腰侧。（图 20）

图20

图21

2. 右贯

接上动，右脚上步，右手呈右贯拳，左手扶于右腕处。目视前方。（图21）

图22

九、右掳左贯

1. 右掳

上动不停，右脚向左前绕步，呈右掳手。目视右手。（图22）

## 2. 左贯

接上动，左脚上步，脚尖微向里扣。左拳从腰间随上步呈左贯拳，右手扶于左腕处。目视前方。（图 23）

图23

## 第三式　劈砸顶腿双捋手

⊙ 动作名称

十、架打双捋　十一、钻劈顶戳　十二、云顶双捋

⊙ 动作说明

十、架打双捋

1. 右势架打

上动不停，身体右转。右臂内旋，右掌变拳上架；左拳向前冲出。目视左拳前方。（图 24）

图24

2. 翻身双捋

上动不停，向左翻身，双脚呈歇步，双手下捋。(图 25)

3. 上步架打

接上动，左脚上步，右脚跟进半步。右手内旋上架，左拳前冲。目视左拳前方。(图 26)

图25

图26

## 十一、钻劈顶戳

### 1. 顶腿钻打

接上动，左脚外展，右脚脚尖朝上，向前蹬出，力达脚跟。同时，右拳下落，经腰间向前冲击，拳眼向上，力达拳面；左手扶于右小臂处。目视前方。（图 27）

图27

### 2. 前劈戳脚

右脚前落，重心前移；左脚前戳，勾脚尖，力达脚跟。同时，左掌先前伸，后收于右肘内侧；右拳变掌，向下、向后、向上、向前下方劈出。目视前方。（图 28）

图28

## 十二、云顶双捋

### 1. 入水

左脚前落，随即右脚向前上步。同时，两手向上，经面前向两侧画弧下落，左下右上，两腕相交于腹前。目视前方。（图 29）

### 2. 擢鱼

上动不停，左脚向前上步，同时两手外旋向前上方擢出。（图 30）

图29

图30

### 3. 左抹

上动不停，右脚向前上步。左手前抹；右手变拳，收于腰侧。（图 31）

图31

图32

### 4. 转身双捋

上动不停，左脚上步外摆；随即右脚向左脚尖前扣步，身体左转 180 度，退左步。同时，两掌虚握，两臂随转体逆时针云转，向左下双捋；左手收于左腰间，右手收于腹前。目视右前方。（图 32、图 33）

图33

## 第四式　叶底藏花圈拦手

⊙　动作名称

十三、右插步摔掌　十四、左势摔掌　十五、右势摔掌

⊙　动作说明

十三、右插步摔掌

1. 右抹左圈

接上动，右手变掌，由前弧形平拦至身体右侧后；同时，左掌由胸前、经下向左绕至体前，掌心向下，掌指朝右前方。目视左掌。（图 34）

2. 插步摔掌

接上动，重心后移至左腿，右脚向左脚后插步，右脚前脚掌着地，脚跟抬起。同时，右掌经右腰侧、左掌背上向前直臂抖腕摔出，掌心向上，高与眉齐；左掌沿右臂下收至右腋下，掌心斜向下。目视右掌。（图 35）

十四、左势摔掌

上动不停，右脚向前上步，左脚随之跟进，呈左高虚步。同时，左掌经右臂下向前圈拦摔掌；右掌向内圈拦，收至左腋下。目视左掌。（图 36）

图34

图35

图36

## 十五、右势摔掌

接上动，左脚向前上步，右脚随之跟进，呈右高虚步。同时，右掌经左臂下向前圈拦摔掌；左掌向内圈拦，收至右腋下。目视右掌。（图 37）

图37

## 第五式　迎风拂袖摔连环

⊙　动作名称

十六、进步左切　十七、上步反劈　十八、右横拦掌

十九、左抹掌　二十、右扇掌

⊙　动作说明

十六、进步左切

接上动，右脚向前进步。同时，右臂内旋回抽，左臂外旋前切。（图 38）

图38

## 十七、上步反劈

上动不停，左脚向前上步。同时左臂内旋，翻手劈掌；右手内旋，停于左腋下。（图 39）

## 十八、右横拦掌

接上动，右脚向前上步，呈右弓步。同时，右手外旋，向右横拦；左手收于右腋下。（图 40）

图39

图40

## 十九、左抹掌

接上动，右掌内旋回收，左掌前抹。（图 41）

## 二十、右扇掌

接上动，身体左转，左掌外旋，回收于右肩前；同时右手向左扇掌，停于腹前。（图 42）

图41

图42

## 第六式　大蟒翻身燕钻云

⊙　动作名称

二十一、乌龙摆尾　二十二、大蟒翻身

二十三、燕子钻云　二十四、勾踢腿

⊙　动作说明

二十一、乌龙摆尾

1. 右鞭拳

上动不停，身体直立，右脚后撤。右手向上，出鞭拳；左手变拳，回收于腹前。（图 43）

图43

## 2. 插步左鞭拳

接上动，左脚向前扣脚上步；随身体右转，右脚向左脚后插步。同时，左手向左上方出鞭拳；右拳回收于左腋下。（图 44）

图44

图45

3. 右鞭拳

接上动，身体向右后转，呈右势右鞭拳。（图 45）

## 二十二、大蟒翻身

1. 左穿

上动不停，身体左转，呈左穿掌。（图 46）

2. 右穿

上动不停，上右步，左手上拦，右手上穿。（图 47）

图46

图47

3. 翻身劈

上动不停，右脚内扣，左碾，身体左转，左腿屈膝提起。同时，右手顺势前劈。目视右前方。（图 48）

4. 合手

上动不停，左脚向后落步，两手腹前交叉，右上左下。（图 49）

图48

图49

## 二十三、燕子钻云

### 1. 右钻云

接上动，右脚向左前方上步，脚尖点地，呈右高虚步。同时，双手经腹、胸、口上提，吸气，向两侧翻腕摔掌，呼气，手心向上；左掌略高于右掌。上体尽量挺胸后仰。目视右手。（图 50）

图50

## 2. 左钻云

上动不停，身体右转，右脚向右前上步，随之左脚向右前方上步。双手经腹、胸、口向上向两侧翻腕抖摔，力达掌腕，手心向上，右掌略高于左掌。上体尽量挺胸后仰。目视左手。右左钻云，虚步腾挪步法须灵活。（图 51）

图51

## 二十四、勾踢腿

### 1. 右勾踢

接上动，左脚上步，脚尖外摆落地，右脚向左勾踢。同时，两掌右下左上，摆架分掌。目视右前方。（图 52）

图52

## 2. 左勾踢

身体右转，右脚外摆落地，左脚向右勾踢。同时，两掌左下右上，摆架分掌。目视左前方。（图 53）

图53

## 第七式　右封左护铁门栓

⊙ 动作名称

二十五、缩身㧐肘　二十六、横抹裹　二十七、铁门栓

⊙ 动作说明

二十五、缩身㧐肘

接上动，左脚落地，左掌向前横出，右掌经右腰间向前上穿，随即身体重心右移，左脚收于右脚内侧，呈左丁字步。随即，右手翻手旋转，收于右腰间；同时，左掌变拳，向右上方格挡，目视前方。（图 54）

二十六、横抹裹

1. 右横

接上动，左脚向左前移。同时，右拳经左肘下向前横出，左手抱于左腰间。目视前方。（图 55）

2. 左抹

重心右移，左拳变掌，经右肘下向前抹出；同时右拳收抱于右腰间。（图 56）

3. 右裹

右拳外旋滚转，左掌变拳回带，右臂屈肘，小臂与肩平。同时，身体左转，左腿屈膝半蹲，右脚回收于左脚内侧，

图54

图55

图56

图57

呈丁字步。目视前方。（图 57）

## 二十七、铁门栓

### 1. 右式横击

接上动，身体右转，右脚上步。同时，左拳外旋，向前横击；右拳内旋，向右后方平带。（图 58）

### 2. 左式右崩

上左步。左拳内旋，向下搂膝，收于肋部；同时，右拳内旋，向前冲出。（图 59）

图58

图59

3. 左式左崩

身体右转，呈半马步。同时左拳向前冲出，右拳收于右肋。(图 60)

要点：弓马冲拳要连续不停。

图60

## 第八式　盖马四拳劈砸连

### ⊙ 动作名称

二十八、左砸右盖　　二十九、左崩右崩

三十、右砸左盖　　三十一、右崩左崩

## ⊙ 动作说明

### 二十八、左砸右盖

#### 1. 左砸

接上动，左脚外摆上步。同时，左拳外旋下砸。（图61）

#### 2. 右盖

身体左转，上右步。同时，左拳回收腰间，右拳向前下砸。（图 62）

图61

图62

## 二十九、左崩右崩

### 1. 左崩

接上动，左脚进步于右脚内侧。同时，右拳收回肋间，左拳呈立拳向前冲出，拳眼朝上。目视前方。（图 63）

图63

2. 右崩

上动不停，右脚进步。同时，左拳回收，右拳向前冲出。目视前方。（图 64）

三十、右砸左盖

与“二十八、左砸右盖”动作要求相同，唯左右相反。（图 65、图 66）

图64

图65

图66

三十一、右崩左崩

与“二十九、左崩右崩”动作要求相同，唯左右相反。（图 67、图 68）

图67

图68

## 第九式　雪花盖顶左右旋

⊙ 动作名称

三十二、云顶下切　　三十三、转身裹手

⊙ 动作说明

三十二、云顶下切

上动不停，上右步，身体左转，左脚随即向右脚后插，呈歇步。同时，两拳变掌，做顺时针云手，经头顶下切至右胯前。目视右方。（图 69 至图 71）

图69

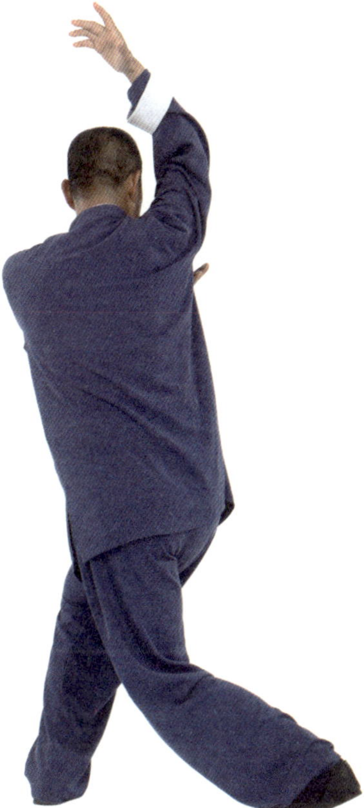

图70

图71

## 三十三、转身裹手

### 1. 盖顶缠头

上动不停，身体左转，起身。同时，两手于面前交叉，向后抹头。目视前方。（图 72）

### 2. 裹手

上动不停，撤右步，重心下移，呈插步。同时，两臂内旋向下，右掌下插，左掌至右肩内侧。（图 73）

图72

图73

## 第十式　野马分鬃斜身靠

### ⊙ 动作名称

三十四、蛇钻　　　三十五、野马分鬃

三十六、抹眉

## ⊙ 动作说明

### 三十四、蛇钻

上动不停，右脚向右前方上步，左脚跟步。同时，右手外旋右横，左手内旋下采。（图 74）

### 三十五、野马分鬃

#### 1. 右裹

上动不停，重心下移，呈插步。同时，两臂内旋向下，右掌下插，左掌至右肩内侧。（图 75）

图74

图75

2. 左斜身靠

上动不停，左脚向左前方上步，右脚跟步。同时，左手外旋左横，右手内旋下采。身体向左前方用肩斜靠。目视左前方。（图 76）

三十六、抹眉

1. 左裹

上动不停，重心下移，呈插步。同时，两臂内旋向下，右掌下插，左掌至右肩内侧。（图 77）

图76

图77

2. 右抹

上动不停，右脚向右前方上步，左脚跟步。同时，右手外旋右横，左手内旋下采。（图 78）

**第十一式　撤步缠头双栽捶**

⊙　动作名称

三十七、左势插掌　　三十八、掸手栽捶

图78

## ⊙ 动作说明

### 三十七、左势插掌

#### 1. 缠头

接上动，身体左转，重心微起，左脚向右后方插步。同时，两手于胸前交叉，向脑后抹头。（图 79）

#### 2. 插掌

上动不停，右腿回撤，呈弓步。同时，两手经脖颈两侧向前插出，掌心向上。目视前方。（图 80）

图79

图80

## 三十八、掸手栽捶

### 1. 插步掸手

上动不停，左脚向右脚后插步。同时，两掌向两侧掸击分开，两掌心向上。目视右掌。（图 81）

### 2. 双手栽捶

上动不停，右脚向左后开步，呈骑乘步。两臂内旋，由外向内经面前栽拳于腹前。目视左前方。（图 82）

图81

图82

## 第十二式　撩掌上挂响六下

⊙ 动作名称

三十九、撤步撩掌　　四十、丁步上挂

⊙ 动作说明

三十九、撤步撩掌

1. 撤步上架

接上动，左腿向右腿后插步。同时，右拳变掌，沿左臂外侧向前上架于额头上方，手心朝上；左拳变掌，护于右腋下。目视左前方。（图 83）

图83

### 2. 左势撩掌

重心后移，右腿向后退步，呈右弓步。同时，右掌由后向前撩掌，掌心朝上，力达掌指；左手由左向右按于右臂肘内侧。目视前方。（图 84）

### 四十、丁步上挂

接上动，左腿回收，呈左丁字步。同时，右手内旋，握拳，收于腰间。左手变拳，以肘关节为轴，上挂至面前。大臂甩动小臂，动作要快速、连贯、放松。（图 85）

图84

图85

## 收式

⊙　动作名称

四十一、格斗式　　四十二、旋腰按掌

四十三、收式

## ⊙ 动作说明

### 四十一、格斗式

#### 1. 风摆杨柳

接上动，身体起立，左脚跟落地，右脚尖外摆，向左前方横扫盖步；左脚脚跟提起，两腿屈膝交叉，半蹲。同时，两掌经左上向右画弧摆动，双推，两臂微屈，右掌高与肩平，左掌至右肩内侧，掌心均向右。目视前方。（图 86）

图86

### 2. 格斗式

上动不停，左脚向前上步。两掌变拳，向左前斜上方冲出，呈实战格斗式。（图 87）

图87

## 四十二、旋腰按掌

### 1. 缠腰托掌

上动稍停，左脚内扣，身体右转90度，右膝外挺。同时，两手随身体右转向左右侧平托。目视右手前方。（图 88）

### 2. 双按掌

上动不停，左脚向右脚靠拢。同时，两掌向上、向内，经身前下按于腹前，掌心向下，掌指相对。目视左侧。（图 89）

图88

图89

## 四十三、收式

左脚向右脚并拢，身体立正。同时，两掌自然下垂于体侧。目视前方。（图 90）

图90

**图书在版编目（CIP）数据**

武术入门套路 / 郑建平编著 . — 太原 : 山西科学技术出版社，2023.6

（传统武术入门丛书）

ISBN 978-7-5377-6264-9

Ⅰ . ①武… Ⅱ . ①郑… Ⅲ . ①套路（武术）—基本知识—中国 Ⅳ . ① G852.019

中国国家版本馆 CIP 数据核字（2023）第 040433 号

**武术入门套路**

WUSHU RUMEN TAOLU

| | |
|---|---|
| **出 版 人** | 阎文凯 |
| **编　　著** | 郑建平 |
| **策划编辑** | 徐俊杰 |
| **责任编辑** | 徐俊杰 |
| **封面设计** | 许艳秋 |
| **出版发行** | 山西出版传媒集团・山西科学技术出版社<br>地址：太原市建设南路 21 号　　邮编：030012 |
| **编辑部电话** | 0351-4922107 |
| **发行部电话** | 0351-4922121 |
| **经　　销** | 各地新华书店 |
| **印　　刷** | 山西基因包装印刷科技股份有限公司 |
| **开　　本** | 889mm × 1194mm　　1/32 |
| **印　　张** | 2.75 |
| **字　　数** | 44 千字 |
| **版　　次** | 2023 年 6 月第 1 版 |
| **印　　次** | 2023 年 6 月山西第 1 次印刷 |
| **书　　号** | ISBN 978-7-5377-6264-9 |
| **定　　价** | 28.00 元 |